धुंधले ख़्वाब

अभिषेक पटेल

ISBN 979-888569262-5

क्रम-सूची

क्रम-सूची

1. तुम और मेरे गीत

मैं किसी और के नहीं
अपने ही गीत गुनगुनाता हूं
लिखता हूं पढ़ता हूं बुदबुदाता हूं
मेरे अपने गीत ही मुझे
उलझाते है सुलझाते है
तेरी यादों के मलबे से
ये मेरे गीत ही मुझे
बाहर निकालते है ।

मैंने इन गीतों में
तुमको गढ़ा है लिखा है
तेरी हर मुस्कान लिखी है
जो मैंने तेरे होठों पर देखी
तेरे चेहरे की रोशनी लिखी है
जिससे अपना प्रेम चमका
तेरी हर खुशबू लिखी है
जो मैंने तेरे बदन से आती महसूस की
ये सब इन गीतों में लिखा है

इसलिए
अब मैं तुमसे नहीं

अपने गीतों से मोहब्बत करता हूं
तुम मुझसे बिछड़ गई हो तो क्या
ये गीत हैं मेरे प्रेम के प्रमाण
इन गीतों में लिखा प्रेम विरह
हैं मेरी सच्ची मोहब्बत की निशानी

हम जिए या मरे
ये गीत हमेशा मेरे साथ रहेंगे
जब जब प्रेमी युगल
अपने महबूब से बिछड़ेंगे
तब तब मेरे इन गीतों को गुनगुनाएंगे
जिस तरह तुमसे बिछड़ने के बाद
मैंने अपने ही गीतों को गुनगुनाया है ।

2. भरोसा

हाथों की लकीरों पे
कैसे भरोसा कर लूं
जब तू जीवन की लकीरों में
है ही नहीं ,

कांटों से भरी राहों पे
कैसे भरोसा कर लूं
जब तू इन राहों में
फूलों की तरह बिखरा ही नहीं ,

अब निकलती हुई सुबह से
कैसे बात कर लूं
जब तू होते हुए भोर में
मेरे साथ है ही नहीं ,

'अभिषेक' अपनी रचना में
तुमको कैसे लिख दे
जब तू इसके गीतों के
रागों में है ही नहीं ।

3. तेरा डर

कहती हो बहुत दूर रहते हो तुम
मैं तेरे शहर आया हूं
तुम अंधेरे से डरती हो
देखो ! मैं सूरज लाया हूं

तुम फूल सी हो फिर भी
अपने शहर का एक गुलदस्ता लाया हूं
तुम अंधेरे से डरती हो
देखो ! मैं सूरज लाया हूं

मानता हूं बहुत दिल दुखा है तेरा
दिल के ज़ख्म भरने को
अपने आंसुओ का मरहम लाया हूं
तुम अंधेरे से डरती हो
देखो ! मैं सूरज लाया हूं

कई मुसीबतें खड़ी हुई मेरे आगे
उनसे लड़कर उन्हें हराकर आया हूं
अब तो आ बाहर मुझसे मिलने
देखो ! मैंने तेरे द्वारे आया हूं
तुम अंधेरे से डरती हो
देखो ! मैं सूरज लाया हूं

जब से मिले तुमसे
खुद का ही वजूद खो दिया
शायद मिले मेरा वजूद तेरे पास
एक यही आस लेके
दुनिया की सारी दहलीज लांघ आया हूं
तुम अंधेरे से डरती हो
देखो ! मैं सूरज लाया हूं ।

4. मेरा शाश्वत प्रेम

मैं चाहूं तो
तेरे केशों को
इत्र से महका दूं
मैं चाहूं तो
तेरे दिल के आंगन को
चांदनी - सा चमका दूं
मैं चाहूं तो
तेरे गालों को
गुलाल से रंग दूं
लेकिन इस रंगत का क्या फ़ायदा
जो कुछ ही क्षण में
उतर जानी है ।

इन सभी संसारिक
चीजों से
तुम्हारा मोह हो सकता है
लेकिन ये सभी चीजें
नश्वर हैं ।

मैं तुमको
अपने शाश्वत प्रेम के
इत्र से महकाना

अपने शाश्वत प्रेम की
चांदनी से चमकाना
अपने शाश्वत प्रेम के
गुलाल से जीवन पर्यन्त के लिए
रंगना चाहता हूं ।

5. याद

बस तुम्हारी याद में हां
बस तुम्हारी याद में
लिखता हूं और गाता हूं
बस तुम्हारी याद में

न किसी से दोस्ती
न किसी से प्यार है
सदियों से ये दिल मेरा
तुझपे ही कुरबान है
बस तुम्हारी याद में हां
बस तुम्हारी याद में
लिखता हूं और गाता हूं
बस तुम्हारी याद में

सूरज ढले और शाम आए
साथ तेरी याद लाए
जो जलाता हूं दीपक
वो भी बुझ जाता है
लिखता हूं और गाता हूं
बस तुम्हारी याद में हां
बस तुम्हारी याद में ।

6. जन्मदिन

नदियों को झीलों को
गज़रों के फूलों को
सब समर्पित करूं तुझे
क्या भेज दूं इन्हे ?
सोचता हूं मैं ।

हृदय का अपने प्यार
गंग की पावन धार
सब अर्पित करूं तुझे
क्या भेज दूं इन्हे ?
सोचता हूं मैं ।

शरद की पूर्णिमा है
चमचमाती चांदनी
केसरिया रंग में रंग दूं
गुलाल से तुझे
क्या भेज दूं इन्हे ?
सोचता हूं मैं ।

अंबर के तारों ने
मंदाकिनी के किनारों ने
जन्मदिन मुबारक बोला है तुझे

क्या भेज दूं इन्हे ?
सोचता हूं मैं ।

7. उलझन

हर झण हर वक़्त हर पल
न जाने किस बात की उलझन रहती है
मन बहुत कुछ कहना चाहता है
पर कह नहीं पा रहा ।

लफ्ज़ बोल जाते है मेरे
उसे कोई समझ नहीं पा रहा
धड़कने तेज होकर कहती हैं बहुत कुछ
पर उनकी आवाज शायद तुम तक पहुंचती नहीं ।

ये उलझन कुछ करने नहीं देती
तेरे सिवा किसी की याद आने नहीं देती
रो रहा हूं सूखें आंसू
इसलिए समुंदर क्या पलकें तक गीली होने नहीं देती ।

मिला गया है तुमको यहां से ज्यादा वहां प्यार
इसलिए वो तुमको मेरा होने नहीं देता
आती रहती है हर पल तेरी याद
करता रहता हूं रब से तुझसे मिलाने की फ़रियाद ।

तुझे मिलने वाले प्यार को प्रणाम
तेरा प्यार छुए ऊँचाईयो के मुकाम

जिस दिन आ जाए मेरे जहन कोई दूसरा नाम
रब करे उसी पल हो जाए मेरा काम तमाम ।

8. वहां तुम यहां हम

जब से मिले है दोनों
दो दिल धड़क रहे है
वहां तुम महक रही हो
यहां हम महक रहे है ।

तन्हा है हम दोनों
यूं ही मचल रहे है
वहां तुम उलझ रही हो
यहां हम उलझ रहे है ।

सुनाया गीत हमने ऐसा
जिसे न भुला पा रही हो
वहां तुम गुनगुना रही हो
यहां हम गुनगुना रहे है ।

हम एक दूसरे के बिना
है दोनों ही अधूरे
वहां तुम समझ रही हो
यहां हम समझ रहे है ।

दोनों की आंखों में
प्यार के मोती चमक रहे हैं

वहां तुम चमक रही हो
यहां हम चमक रहे है ।

ये सर्द भरी हैं रातें
इन रातों में रो रहे है
वहां तुम सिसक रही हो
यहां हम सिसक रहे है ।

9. तेरे होने से ऐसा होता मैं

इक अरसे से मुरझाया हूं
शायद मैं खिल जाता
गर तुझे मुस्कुराता
देख पाता ,

किसी रोज़ तो आती मुझे
इक चैन की नींद
गर मैं तेरे दिल की धड़कन
सुन पाता ,

मैं न ढूँढता
अमावस की काली रात में चांद
गर मैं तुमसे
मिल पाता ,

मिल के तुझे
सौ बार न सही इक बार
गले लगा पाता
फिर भले ही मैं
एकाकी हो जाता ,

वियोग में तेरे
गूंगा हो गया हूं
तू बुलाती तो शायद मैं
बोल पाता ।

10. उसकी यादें

उसकी दी हुई यादें
कभी हंसा देती हैं
कभी रुला देती हैं
उसकी यादें मुझे
कभी खिला देती हैं
कभी मुरझा देती हैं

उसकी यादों मुझे
कभी प्यासे की तरह
तड़पा देती हैं
तो कभी
मोती की तरह
चमका देती हैं

उसकी यादें मेरे लिए
कभी अमृत तो कभी
विष बन जाती हैं
जब जब सताती हैं उसकी यादें
मैं बर्फ की तरह
पिघल जाता हूं ।

11. एक घटना

तुमसे मिलन होने से पहले मैं
दिल से मुस्कुराता हुआ
अपने संसार में मस्त
एक सीधा साधा छोरा था ।

तुमसे मिलकर मैं
और भी ज्यादा प्रसन्न हुआ
प्रेम हुआ
लेकिन ये प्रसन्नता
झणभंगुर थी ।
फिर
मेरे ऊपर उदासी की घटाएं छाने लगी
मेरे हिस्से तन्हाई आने लगी
इतना सब कुछ देकर
तुम मुझसे दूर चली गई
अपनी दुनिया में
जहां से आई थी
वहां चली गई ।

तेरे जाने के बाद मैं
'शून्य' हो गया ,
मेरे हिस्से अभी भी उदासी है

मैं अपने तौर तरीकों से
आज भी उसी उदासी के साथ
जिंदगी का
हर लम्हां
हर दिवस
जीता हूं ,
'मैं हंसता बहुत हूं पर खुश हुए साल बीत गए' ।

मेरे पास
एक सवाल का जवाब नहीं है
कैसे हो ?
इस सवाल का जवाब ढूंढना
मेरे लिए समुंदर में
मोती ढूंढने के समान है ।

तेरे जाने के बाद
मेरी आंखों में
जल धाराओं के सिवा कुछ
दिखा ही नहीं
इस चेहरे से कभी
उदासी की घटाएं छटी ही नहीं
मुझे अब किसी के आने का
न किसी के जाने का डर रहता है
अब तो मैं किसी को रोकने के लिए
मिन्नत तक नहीं करता
जो मैंने तेरे सामने की थी ।

मुझे देने के लिए
तेरे पास
मेरे लिए प्रेम भी न था ।

मैं ईश्वर से विनती करता हूं
तू जहां भी है
जिसके साथ भी है
तू खुश रहे
तू खुश रहे ।

12. तू और मैं

तू कहां प्रेम दीवानी
मैं कहां पागल आवारा
तू कहां किसी के सपनों की रानी
मैं कहां तनहा जमाना

तू कहां फूलों की कलियां
मैं कहां रूठी गलियां
तू कहां बसंत का मौसम
मैं कहां पतझड़ का मौसम

तू तो है रातों को सोए
हम तो है रातों को रोए
तू भूल गई मेरी दी हुई यादें
मैं न भूला तेरी सारी बातें ।

13. आंगन

मैंने अपने घर के आंगन में
तुम्हारे दिए बीज बोए थे ,
अब उनमें से नन्हें - नन्हें
कलियां फूल खिलते है
उन कलियों फूलों से
मेरा पूरा घर महकता है ,
ये महक उस दिन फीकी पड़ जाएगी
जिस दिन तुम
चंदन - सी महकती हुई
मेरे घर की देहलीज के अंदर
कदम रखोगी ,
फिर मेरा पूरा घर
तुम्हारी खुशबू से
महक उठेगा ।

तुम्हारे पैरों में
पड़ी पायल की
झंकार सुनकर
पूरा घर झूम उठेगा
जब तुम इसे सवारोगी न
तो ये तुम्हारे हाथों से
सवरने के लिए रोज़

अभिषेक पटेल

दिल टूटे आशिक़ की तरह
बिखर जाया करेगा ।

14. कैसे हो सकता है ?

तुम न मिली तो , जिंदगी का गुजारा
कैसे हो सकता है ?

पुष्पों और कलियों से दूर भौंरा
कैसे रह सकता है ?

तुम मुझसे दूर जाओ , मेरी आंखें तक नम न हो
कैसे हो सकता है ?

तेरी हर बातें मीठी थी , अब हर लफ्ज़ ज्वाला
कैसे हो सकता है ?

तुम मुझे निहारों , मैं तेरी आंखों में न डूबूं
कैसे हो सकता है ?

तेरे होंठों की लालिमा देख , मेरा चेहरा लाल न हो
कैसे हो सकता है ?

तेरा दिया हुआ हर दर्द मेरा ही है
ये मैं किसी और को दे दूं
कैसे हो सकता है ?

जिंदगी जीने की एक ही उम्मीद है
'तुमसे मिलन'
वो ख्याल भी दिल से निकाल दूं
तो 'अभिषेक' जिंदा
कैसे रह सकता है ?

जिंदगी जीने की एक ही उम्मीद है
'तुमसे मिलन'

15. तेरी तड़प

मैं तुमको पढ़ूं
किताबों में
मैं गढ़ूं तेरी तस्वीर
दीवारों में
मैं तुमको ढूढूं
आसमानों में ।

मैं तुमको देखूं
ख्वाबों में
फिर खो जाता हूं
तेरी यादों में
दूर होके भी समाई है
मेरी सांसों में ।

घबरा रहा हूं
इन हालातों में
मैं बिखरा हूं
तेरी यादों में
तू आकर सम्भाल ले
अपनी बाहों में ।

16. लालिमा

मैं तुझे ढूढ़ता फिरता हूं
उन बहारों में उन फ़िज़ाओं में
उन बागों में उन शामों में
उस नदी के तट पे
जिस तट पे हम दोनों बैठकर
घंटों तक बातें किया करते थे ।

वो शामें बहुत याद आती है
जिन शामों को मैं
तट पे बैठकर तेरा इंतजार किया करता था
जब तू शाम को सूरज की लालिमा में
आती थी तो तेरे चेहरे के आगे
सूरज की लालिमा भी फीकी पड़ जाती थी
सूरज ढलने के बाद
तेरे चेहरा चांद की तरह
चमकता था और
मुझे रोशन किया करता था ।

तू चली गई अपने साथ मेरी
खुशियां मुस्कान कशिश
सब ले गई
पर मैं तेरे इंतजार में

आज भी हर शाम उसी तट पे
गुज़ारा करता हूं
लेकिन अब तेरे चेहरे की
लालिमा नहीं अपितु
नदी में पड़ने वाली सूरज की लाल लाल
किरणों को निहारा करता हूं
मैं हर रोज़ तेरे इंतजार में
यूं ही शामें गुज़ारा करता हूं
मैं तुझे ढूढ़ता फिरता हूं ।

17. तेरा साथ

तुम होती गर साथ
करती मुझसे प्रेम तो
मैं गीतों में प्रेम लिखता
तेरे होठों की रौनक लिखता
तेरे नयनों की चमक लिखता
तेरे बदन से आती चंदन की
खुशबू को लिखता
मैं लिखता बस प्रेम
और कुछ न लिखता ।

पर अफसोस ऐसा मैं कुछ
नहीं लिख रहा हूं
कारण है कि
तुम मेरे साथ नहीं हो ,

मैं लिख रहा हूं तो बस
तेरे संग गुज़रे दिन
तेरी बाहों में गुजरी रातें
तेरी दी हुई अविस्मरणीय यादें ।

18. प्रेम का सोम

उसने मुझसे प्रेम
करना छोड़ दिया
लेकिन मैं उससे
आज भी बहुत प्रेम करता हूं
वो मुझसे कहती है
कि मुझसे प्रेम करना बंद करो ,

लेकिन मैं फिर भी
अपनी ओर से
प्रेम करता हूं
और प्रेम देता हूं
क्यों कि दिया गया प्रेम
कभी न कभी वापस
जरूर मिलता है ।

मैं चाहता हूं
किसी रोज़
वो मुझसे पूछें
कि तुम मुझसे कितना
प्रेम करते हो
तो मैं अपना हिया
खोल कर दिखाऊं

उसमे रुधिर की जगह
प्रेम का सोम अब
प्रवाहित हो रहा है ।

19. तेरा प्यार

कहां गया वो तेरा वादा
जो तूने मुझसे किया था
कहां गया वो तेरा इरादा
जो साथ चलने का था

कहां गया वो तेरा प्यार
जो तूने मुझसे किया था
कहां गया वो अपना वक्त
जो हमने साथ बिताया था

हमने जो तुमसे किया था
तुमने जो हमसे किया था
तुमने तो अधूरा किया है
मैं अकेले ही पूरा करूंगा

मुझे तो है तेरी जरूरत
क्या तुम्हें नहीं मेरी जरूरत ?
तुमने तो कसमें भी ठुकराई
जो साथ हमने थी खाई ।

20. तुम आती हो

भोर होते ही तुम मेरे
लबों पे आती हो
लबों पे आकर
मुस्कुराहट बन जाती हो
सूरज की किरणों की तरह
मेरे बदन पे छाती हो
छाके फिर मेरा हिस्सा ही
बन जाती हो
तुम आती हो ,

फूलों की खुशबू से
तुम मुझको महकाती हो
अपने रंगों की छाप भी
तुम मुझपे छोड़ जाती हो
भटकू न इन राहों में
मुझे राह दिखाने आती हो
तुम आती हो ,

पानी में पड़े तेलीय बूंद की तरह
मेरी यादों में उभर आती हो
ख्वाबों में मुझे इस किनारे से
उस किनारे ले जाती हो

ले जाके उस किनारे पे मुझे
अकेला छोड़ चली जाती हो
आती हो तुम मेरे ख़्वाबों में
कुछ इस तरह आती हो ।

21. खुद को भुला दिया

बदला तो कुछ नहीं
दिल के जमाने में
खुद को ही भूल गया
इक तुझे पाने में ।

मेरे शहर से दूर रहती है तू
अपने घराने में
खुद को ही दूर ले गया
इक तुझे पाने में ।

मुझको ज़ख्म दिए तूने
दुनिया भर के
मरहम लेप बढ़ता गया आगे
इक तुझे पाने में ।

तुझे अपना मान कर
कांटों की राह से गुज़रा
कांटों को फूल समझ कर
इक तुझे पाने में ।

जब मेरी कश्ती डूबने लगी
कश्ती दर कश्ती बदली

दर्द सहे हजार
इक तुझे पाने में ।

22. मैं बताऊं क्या ?

मेरे लिए क्या हो तुम ?
निराशा बाद एक आशा हो तुम
हर त्यौहार की नई रीत हो तुम ।

सूरज की पहली किरण हो तुम
मेरी ढलती शामों की गीत हो तुम
मेरी रातों की नींद हो तुम
मेरे लिए हंसना रोना जागना सोना सब हो तुम ।

मेरी हर खुशी हर प्यार हो तुम
मेरी बात मेरे जज़्बात हो तुम
मेरा शुरू मेरा अंत हो तुम
जाओ कहीं भी मेरी रूह के संग हो तुम ।

23. फरेबी है वो

फरेबी है वो
सब जानते हुए
नादान बनती है

फरेबी है वो
दुनिया में ख़त्म है इंसानियत
फिर भी वो उसी के लिए लड़ती है,
झगड़े से पेश आते हुए भी
हक से प्यार करती है
अनजान लोगों से
वो हंसकर बात करती है,

सभी लोगो का गुस्सा कभी कभी
वो मुझ पर ही निकलती है,

फरेबी है वो
सब जानते हुए
नादान बनती है।

24. धुंधला ख़्वाब

ख़्वाब में वो यूं ही
मुझ पे गुस्सा कर रही थी
सच कहूं तो
वो मुझ पे हक जता रही थी
हकीकत में तो वो
सही से बात तक नहीं करती है

ख़्वाब में क्यों ?
हिचकिचा रही थी
अंदर ही अंदर बैचेन थी
शायद
कुछ मुझसे छुपा रही थी
वो मुझ हक जता रही थी ।

25. अपने लम्हें

कितना करता हूं मैं तुमसे प्यार
ये खुदा ही जानता है
अगर करता हूं मैं प्यार का इज़हार
तो ये खुदा बुरा मानता है ।

इक दास्तां शुरू हुई थी अपनी
इक हसीन पल के साथ
तुम मुझे मिली थी
इक खूबसूरत लम्हें के साथ
सोचा था मैंने
हर लम्हा मेरा खूबसूरत होगा
पता न था कि
ये खुदा को मंजूर न होगा

बिछड़ी जब से तुम तो
पूरी दुनिया
रूठी रूठी लगने लगी
मेरे घर के ऊपर
दुःख की बदली छाने लगी
होती जब जब बरसात इनसे
खुद को इसमें भिगोने लगे
बारिश की हर इक बूंद से

अपनी आंसू छुपाने लगे ।

26. तेरे प्यार में तड़पा

तड़पाती हो जगाती हो कह दूं कैसी हो
तो मुझे गुस्से से आँख दिखाती हो
चाहती हो... देख मुझे मुस्कुराती हो
बेहाल हो तुम... पूछने पर हाल अच्छा बताती हो ।

अपने सामने मुझे इधर उधर घूमती हो
पीठ पीछे मेरे तुम हमको अपना बताती हो
नयनों के काजल को मुझसे छुपाती हो
दिखता है आंखों में प्यार पर बोलने से घबराती हो ।

घबराती भी हो या बहाना ही बनती हो
प्यार भी है या यूं ही जताती हो
करते है लोग मोहब्बत में बड़े बड़े जुर्म
क्या तुम भी उस जुर्म की हिस्सेदार बनना चाहती हो ?

27. तेरी कशिश

जिसके माथे को मैंने
सितारों से चमकाया
उस माथे को अब
कोई और चूमेगा ,

जिसके बालों को मैंने
गजरों से सजाया
उस गजरे से अब
कोई और महकेगा ,

जिसके हाथों में मैंने
कंगन था पहनाया
उस कंगन की खनक
किसी और के कानों तक पहुंचेगी ,

जिसके पैरों में मैंने
पायल थी बांधी
उस पायल की छमक से
किसी और का घर गूंजेगा ,

उसके रंग में
रंग गया हूं मैं

अब कोई मुझे अपने
रंग में रंग न पाएगा
मैं ढल जाऊंगा अपने सांचे की तरह
किसी और की तरह ढल न पाऊंगा ।

28. किसी अपने का दूर जाना

व्यक्ति उलझता नहीं किसी के उलझाने
पहेली सुलझती नहीं सुलझाने से
व्यक्ति हारता नहीं किसी के हराने से
शक्स जीना भूल जाता है किसी अपने के दूर जाने से ।

व्यक्ति निराश होता है सपने टूट जाने से
वो गिरता नहीं किसी के गिराने से
व्यक्ति दबता नहीं किसी के दबाने से
शक्स जीना भूल जाता है किसी अपने के दूर जाने से ।

व्यक्ति डरता है किसी अपने को भूल जाने से
ऐसे याद करता है जैसे सांस रुक जाएगी भूल जाने से
वो रो देता है खुद से किसी के दुखी हो जाने से
शक्स जीना भूल जाता है किसी अपने के दूर जाने से ।